BEI GRIN MACHT SICH IHR
WISSEN BEZAHLT

Bibliografische Information der Deutschen Nationalbibliothek:

Die Deutsche Bibliothek verzeichnet diese Publikation in der Deutschen National-bibliografie; detaillierte bibliografische Daten sind im Internet über http://dnb.d-nb.de/ abrufbar.

Impressum:

Copyright © 2019 GRIN Verlag
Druck und Bindung: Books on Demand GmbH, Norderstedt Germany
ISBN: 9783346043597

Dieses Buch bei GRIN:

https://www.grin.com/document/491432

Anonym

Der Irakkrieg 2003. Darstellung der Gründe, Ereignisse und Folgen

GRIN Verlag

GRIN - Your knowledge has value

Der GRIN Verlag publiziert seit 1998 wissenschaftliche Arbeiten von Studenten, Hochschullehrern und anderen Akademikern als eBook und gedrucktes Buch. Die Verlagswebsite www.grin.com ist die ideale Plattform zur Veröffentlichung von Hausarbeiten, Abschlussarbeiten, wissenschaftlichen Aufsätzen, Dissertationen und Fachbüchern.

Besuchen Sie uns im Internet:

http://www.grin.com/

http://www.facebook.com/grincom

http://www.twitter.com/grin_com

Schuljahr 2018/19

Facharbeit

Thema: Kurze Darstellung der Gründe, Ereignisse und Folgen des
           Irakkriegs 2003 sowie Beispiele einer medialen Verzerrung

Fach: Geschichte

Inhaltsverzeichnis

1. Einleitung

Der Irakkrieg war ein langjähriger bewaffneter Konflikt, der 2003 mit der Luftbombardierung des Iraks durch eine von den USA geführte Koalition begann. Die USA wollten das Regime des damaligen Staatspräsidenten Saddam Husseins zerstören und eine Demokratie einrichten. Darüber hinaus glaubten die USA und ihre Verbündeten, dass der Irak über geheime Vorräte an chemischen und nuklearen Waffen verfügte. Der sechswöchigen Invasion folgte eine insgesamt achtjährige Besetzung des Iraks. Im Dezember 2003 gelang es einer US-Spezialeinheit, Saddam Hussein ausfindig zu machen und festzunehmen. Der Irakkrieg endete erst im Dezember 2011 nach dem Abzug der US-Truppen durch US-Präsident Barack Obama.

Die vorliegende Arbeit beschäftigt sich mit den unterschiedlichen Gründen für den Irakkrieg, den wesentlichen Ereignisse zwischen 2003 und 2011 sowie den vielfältigen Auswirkungen. Beispielhaft werden die Ausgaben zweier unterschiedlicher Tageszeitungen betrachtet, um unterschiedliche Arten der medialen Berichterstattung zu veranschaulichen. Ziel der Arbeit ist es, einen kurzen Überblick über den Irakkrieg (2003) zu geben und auch der Frage nachzugehen, in welcher Form die Medien die öffentliche Wahrnehmung beeinflussen können.

Zur Behandlung dieser Aspekte wird in dieser Arbeit folgendermaßen vorgegangen: Nach dieser Einleitung (Kapitel 1) werden zunächst die Gründe für den Irakkrieg in Kapitel 2 dargestellt. Die wichtigsten Ereignisse des Irakkrieges werden dann stichpunktartig in Kapitel 3 behandelt. In Kapitel 4 werden die Ausgaben einer tendenziell linksliberalen britischen und einer eher konservativen US-amerikanischen Tageszeitung herangezogen, um einige stilistische Merkmale der medialen Berichterstattung aufzuzeigen. Die Folgen des Krieges in unterschiedlichen Bereichen werden in Kapitel 5 behandelt. Kapitel 6 der Arbeit fasst die gesammelten Beobachtungen abschließend zusammen [1].

2. Gründe für den Irakkrieg

2.1 Massenvernichtungswaffen im Irak

Der vielleicht wichtigste von den USA vorgebrachte Grund für die Invasion im Irak waren die angeblichen irakischen Programme zur Herstellung von sogenannten ABC- (atomaren, biologischen und chemischen) Waffen. Zu den prominentesten Verfechtern dieser These zählten neben dem damaligen US-Präsidenten George W. Bush die US-Sicherheitsberaterin Condoleezza Rice, der Verteidigungsminister Donald Rumsfeld sowie der Vizepräsident Dick Cheney. So wurde z. B. im Jahr 2003 ohne konkrete Belege behauptet, dass der Irak in spätestens 5 Jahren Atombomben besitzen würde [Vgl. 2 S. 121].

Besondere Beachtung erhielt ein Vortrag des US-Außenministers Colin Powell vor dem UN-Sicherheitsrat. Er berichtete von angeblichen Lastwagen mit mobilen Einrichtungen zur Herstellung von Biowaffen und zeigte entsprechende Zeichnungen. Er sagte außerdem, dass diese Informationen durch mehrere Zeugen belegt seien. Später stellte sich jedoch heraus, dass er nur eine Zeugenaussage hatte, die selbst vom CIA als nicht vertrauenswürdig eingestuft wurde. In einem späteren Fernseh-Interview im Jahr 2005 bereute Collin Powell seine nachweislich falschen Aussagen zutiefst [3].

Nach der Invasion durch die USA und Großbritannien suchte die *Iraq Survey Group* mit über 1.400 Personen nach Beweisen für irakische Waffenprogramme, letztlich vergeblich [4]. Im Jahr 2004 wurde vom US-Waffeninspektor Charles A. Duelfer ein 1.500 Seiten starker Abschlussbericht herausgegeben, der sich mit der Frage nach der Existenz von Massenvernichtungswaffen im Irak beschäftigte. Der "Duelfer-Bericht" kam zu dem Schluss, dass der Irak bereits nach den im Jahr 1991 auferlegten Sanktionen alle relevanten Massenvernichtungswaffen zerstört und deren Produktion eingestellt hatte [5].

2.2 Unterstützung von Al-Qaida

Ein weiterer von der US-Regierung genannter Kriegsgrund war eine vermeintlich direkte Verbindung zwischen dem irakischen Staatschef Saddam Hussein und der radikal-islamistischen Militärorganisation Al-Qaida. So soll es mehrfach Treffen zwischen irakischen Geheimdienstlern mit Vertretern der Al-Quaida gegeben haben. Präsident Bush behauptete daher, dass sich Saddam

Hussein und die Al-Qaida für terroristische Anschläge auf die USA zusammenschließen könnten und dies natürlich zu verhindern sei.

Erst nachfolgende Untersuchungen durch die unabhängige "9/11-Kommission" sowie später freigegebene Berichte des Verteidigungsministeriums haben ergeben, dass solche Verbindungen nie bestanden haben [6]. Im Jahr 2008 wurde Saddam Hussein durch einen Geheimdienstausschuss des US-Senats freigesprochen. [7]

2.3 Menschenrechtsverletzungen

Vor der UNO trugen die USA schließlich noch die Menschenrechtsverletzungen von Saddam Hussein vor. Ursprünglich eher zweitrangig wurde dieser Grund zunehmend bedeutsam, da die vermeintlichen Massenvernichtungswaffen immer seltener von den USA und Großbritannien angeführt wurden. Die Menschenrechtsverletzungen wurden letztlich durch verschiedene Quellen belegt, wie zum Beispiel durch die Menschenrechtsorganisation *Amnesty International* [8]. Während seiner mehr als 20-jährigen Herrschaft folterte und tötete Saddam Hussein Tausende irakische Bürger.

So wurden in den 1980er Jahren Tausende Kurden im Nordirak vergast und ermordet [9]. Nach dem Golfkrieg 1991 wurden die Aufstände der schiitischen und kurdischen Minderheiten brutal unterdrückt [10]. Im Südirak wurden die sogenannten Marsch-Araber über 15 Jahre lang unterdrückt und vertrieben [11]. Hierbei handelt es sich um ein halbnomadisches arabisches Volk, welches das südirakische Marschland der Flüsse Tigris und Euphrat bewohnt [12].

2.4 Geopolitische und wirtschaftliche Interessen

In einem Interview mit dem britischen Magazin *Vanity Fair* sagte der damalige stellvertretende US-Verteidigungsminister Paul Wolfowitz, dass die Massenvernichtungswaffen Bagdads nicht der entscheidende Kriegsgrund für die USA gewesen seien. Er sah vielmehr den Umstand, dass ein Irakkrieg die Präsenz der US-Truppen im benachbarten Saudi-Arabien überflüssig machen würde und das allein zu einem friedlicheren Nahen Osten führen würde [13].

Des Weiteren liegen im Irak ca. 25% der weltweiten Ölreserven. Durch die Eroberung und jahrelange Besetzung des Iraks hatten die USA darauf Zugriff und kontrollierten so den Nahen Osten, da Öl sowohl wirtschaftlich als auch kriegspolitisch eine enorme Rolle spielt.

Der damalige Premierminister Großbritanniens Tony Blair bezeichnete die Irakinvasion und den Zusammenhang mit den Ölreserven als "Verschwörungstheorie" [14]. Ähnlich sah es auch US-Präsident George W. Bush. Bush sei gegen ein System, in dem Menschen durch Folter und Mord unterdrückt werden, um einen Diktator wie Saddam Hussein im Amt zu halten. Er sei für Frieden und die Freiheit des irakischen Volkes, welches außerdem wissen solle, dass die USA niemals die Absicht haben, jemanden zu erobern [15]. Im Widerspruch zu diesen Äußerungen steht jedoch die Tatsache, dass Bush und viele seiner Kabinettsmitglieder, insbesondere durch Aktienoptionen auf Ölgeschäfte sehr reich geworden sind und dadurch erhebliche Interessenskonflikte vorlagen [16].

3. Chronik des Krieges

28. Februar 1991

Nach dem Ende des 2. Golfkrieges wird der Irak strengen Sanktionen und Waffeninspektionen der Vereinten Nationen unterworfen [17; S. 323].

11. September 2001

An der US-Ostküste kapern Terroristen insgesamt vier Passagierflugzeuge der Fluglinie *United Airlines*. Zwei von ihnen werden gezielt in die Zwillingstürme des World Trade Centers in New York gesteuert und bringen diese wenig später zum Einsturz. Ein drittes Flugzeug wird am Pentagon, dem Hauptgebäude des US-Verteidigungsministeriums, zum Absturz gebracht. Die vierte Maschine hatte möglicherweise ein Gebäude in Washington, D.C. als Ziel. Beim Versuch der Besatzung und der Passagiere, die Maschine wieder unter Kontrolle zu bringen, stürzt diese noch im Bundesstaat Pennsylvania in ein Feld. Al-Qaida und deren Anführer Osama Bin Laden werden für den Angriff verantwortlich gemacht.

24. September 2002

Großbritannien veröffentlicht ein Dossier über die vom Irak ausgehende Bedrohung. In diesem wird behauptet, dass Saddam Hussein über Massenvernichtungswaffen verfügt, die innerhalb von 45 Minuten eingesetzt werden könnten [18].

28. Januar 2003

In einer Fernsehansprache betrachtet George W. Bush den Irak als wachsende Bedrohung für Frieden und Freiheit in der Welt [19; S. 74].

17. März 2003

Die USA und Großbritannien geben den Versuch auf, den Krieg durch einen zweiten Beschluss der Vereinten Nationen zu legitimieren. Stattdessen fordert US-Präsident George W. Bush Saddam Hussein und seine Söhne auf, den Irak innerhalb 48 Stunden zu verlassen [20].

20. März 2003

Nur 90 Minuten nach Ablauf des Ultimatums beginnen die USA mit der Militäroperation "*Iraqi Freedom*". Dabei wird unter anderem eine landwirtschaftliche Gemeinde in der irakischen Hauptstadt Bagdad bombardiert, wo man fälschlicherweise Saddam Hussein vermutete [21].

9. April 2003

Die Regierung Saddam Husseins verliert die Kontrolle über Bagdad. Während des Vormarschs der amerikanischen und britischen Truppen in die Stadt kommt es jedoch nicht zu der von einigen Medien propagierten "großen Schlacht um Bagdad". In weiten Teilen der Hauptstadt geht daraufhin die Bevölkerung auf die Straßen, um die Statuen und "Insignien" (z. B. Abb. 1) Saddam Husseins zu zerstören [22]. Hierbei kommt es auch zu Plünderungen durch die eigene Bevölkerung.

Abbildung wurde aus urheberrechtlichen Gründen entfernt.

Abbildung 1. Zerstörung einer Statue Saddam Husseins mithilfe eines US-Panzers. Copyright: Goran Tomasevic / Reuters

1. Mai 2003

Präsident George W. Bush erklärt auf einem Flugzeugträger, dass alle größeren Kampfhandlungen im Irak beendet seien und man weiterhin im Irak nach Massenvernichtungswaffen suchen werde [23].

19. August 2003

Ein Selbstmordattentäter fährt mit einem mit Sprengstoff beladenen Zementmischer in das Gebäude der Vereinten Nationen in Bagdad, in dem der Wiederaufbau des Iraks maßgeblich verhandelt wird. Siebzehn Menschen sterben bei dem Anschlag, über 100 weitere werden verletzt. Unter den Toten ist auch der Sonderbeauftragte des UN-Generalsekretärs im Irak, Sergio Vieira de Mello [24].

13. Dezember 2003

Amerikanischen Soldaten gelingt es, Saddam Hussein kampflos festzunehmen. Er befand sich in einem acht Meter unter der Erde gelegenen Bunker auf einer abgelegenen Farm in der Nähe seiner Heimatstadt Tikrit. US-Administrator Paul Bremer kommentiert dieses Ereignis zwei Tage später auf einer Pressekonferenz mit den Worten: „Meine Damen und Herren, wir haben ihn bekommen" [25].

14. Juli 2004

Im sogenannten Butler-Bericht stellt sich heraus, dass die herangezogenen Informationen zur Rechtfertigung des Irakkriegs unzulässig waren. Der britische Geheimdienst MI6 habe seine Quellen nicht gut genug geprüft und stütze sich manchmal auf Berichte aus dritter Hand. Ebenso hätte das Dossier aus dem Jahr 2002 nicht die Behauptung einschließen dürfen, dass der Irak ohne weiteres Massenvernichtungswaffen innerhalb von 45 Minuten einsetzen könnte. [26]

28. Juni 2004

Fünfzehn Monate nach dem Machtverlust von Saddam Hussein erhält der Irak seine Souveränität zurück [27].

30. Januar 2005

Bei den ersten freien Wahlen des Landes seit über 50 Jahren, 22 Monate nach dem Sturz Saddam Husseins, wählen über 60% der Iraker eine neue demokratische Regierung. Die Machtverhältnisse sind zunächst jedoch uneinheitlich.

15. Dezember 2005

Millionen Iraker wählen ein Parlament mit einer Legislaturperiode von vier Jahren. In diesem Haus bilden die Abgeordneten der schiitischen Parteien eine Mehrheit.

30. Dezember 2006

Von einem Gericht wird Saddam Hussein schuldig gesprochen, in den 1980er Jahren 148 Shias in der Stadt Dujail ermordet zu haben. Er wird daraufhin gehängt.

18. Dezember 2011

US-Präsident Barack Obama erklärt den Irakkrieg für beendet und veranlasst den Abzug der letzten US-Truppen.

4. Beispiele einer medialen Verzerrung

In diesem Kapitel sollen mögliche Formen einer medialen Verzerrung betrachtet werden. Zu diesem Zweck wurden die online verfügbaren historischen Ausgaben zweier Tageszeitungen herangezogen. Beide Zeitungen sind am 22. März 2003 erschienen, also am dritten Tag der amerikanisch-britisch geführten Invasion des Iraks. Bei den Zeitungen handelt es sich um den britischen *Guardian* (offiziell: *„The Guardian"*) und den US-amerikanischen *„Austin American-Statesman"*.

Der in London ansässige *Guardian* ist auch überregional bekannt und ist tendenziell linksliberal ausgerichtet. Zu seiner Leserschaft zählt der Journalist John F. Jungclaussen, die "progressiven, intellektuellen Großstädter, [...] Akademiker, Kulturschaffenden und Studenten" [28]. Der Austin American-Statesman (abgekürzt: *Statesman*) ist laut Wikipedia die führende Tageszeitung der texanischen Hauptstadt, welche nationale und internationale Nachrichten anderer Quellen druckt (*Associated Press*, *New York Times*, *The Washington Post* und *Los Angeles Times*), aber auch umfassend aus Austin und Umgebung berichtet, vor allem zu politischen Themen.

In beiden Zeitungen finden sich zahlreiche Artikel zu den vielfältigen Aspekten des beginnenden Irakkriegs, die hier nur grob betrachtet werden können. Einige Unterschiede in der medialen Präsentation fallen jedoch sofort ins Auge: so betitelt der *Statesman* den Krieg durchgehend als *War on Iraq* (z. B. Anhänge A2–A5), also *gegen* den Irak während der *Guardian* etwas "neutraler" vom *War in the Gulf* (z. B. Anhänge G1, G3, G4) also Krieg *am Golf*, spricht. Diese sprachliche Sachlichkeit findet sich auch in der Inhaltsübersicht auf der Titelseite, z. B. "*Die Kämpfe an drei Fronten*", "*Neue Strategie für einen neuen Krieg*", "*Massenkapitulation irakischer Truppen*" oder "*Feuerwehr vor Abflug zu Ölfeldern*" (Anhang G1), wie auch den tatsächlichen Artikelüberschriften, z. B. *„Gewinne im Süden beflügeln Vorstoß auf Bagdad"* (Anhang G2), *„Eine Demonstration von Rumsfelds großem Plan"* (Anhang G3) oder *„Feuerwehreinheiten für Ölfelder machen mobil"* (Anhang G4).

Im Vergleich dazu haben bereits die Überschriften der *Statesman* einen bewertenden Charakter, oft verstärkt durch emotionale Attribute. So findet sich z. B. auf Seite 12 ein Artikel über den persönlichen Konflikt eines texanischen Senators mit dem Titel *„Als Politiker ist er für den Krieg; als Vater eines Marines* *ist er besorgt*" (Anhang A2). Ein begleitendes Foto zeigt den Senator in seinem Büro neben einem aufgestellten Bild mit seinem Sohn als Soldat, ein zweites Foto zeigt die Ehefrau seines Sohns privat mit einem Baby auf dem Arm, seinem Enkelkind ‚Gabriel'. Insgesamt nimmt dieser Artikel über ein Drittel der Seite ein.

Auf der Titelseite schreibt der *Statesman* in Großbuchstaben: „*USA zerstoßen Bagdad; 8.000 Iraker kapitulieren*" (Anhang A1). Es stellt sich z. B. die Frage, wie zuverlässig diese konkrete Zahlenangabe ist. Gezeigt wird auch eine großformatige Aufnahme einer Rauchwolke, die über dem Präsidentenpalast emporsteigt. In der Bildunterschrift wird vermutet „[...] *Das Hauptgebäude schien unbeschädigt zu sein, aber andere Gebäude des Komplexes* [..] *brannten.*" Ebenso wird ausgeführt, dass der Luftangriff „*von den USA*" geführt wurde. Der *Guardian* zeigt zwar ein ähnliches Foto (Anhang G1), schreibt jedoch eher sachlich: „*Flammen und Rauch in Bagdad gestern Nacht, nachdem die irakische Hauptstadt unter Beschuss von Stealth Bombern und Cruise Missiles kam.*"

Beide Zeitungen drucken eine Übersichtskarte des Iraks (Anhänge A4 und G2) mit Stichpunkten zu den wesentlichen Ereignissen. Auch hier sind die Angaben im *Guardian* neutraler und vorsichtiger formuliert als im *Statesman*. So spricht der *Guardian* von einer "*hitzigen Debatte*" darüber, ob Saddam und seine Söhne die Angriffe überlebt haben, während der *Statesman* schreibt, dass Vertreter der US-Geheimdienste "*zunehmend davon überzeugt* [seien], *dass Saddam* [bei der Bombardierung] *verletzt wurde, vielleicht schwer*" (Anhang A4).

Abschließend soll noch kurz auf die jeweilige Berichterstattung über die begleitenden Proteste eingegangen werden. Im *Guardian* nimmt dieses Thema eine ganze Seite mit drei einzelnen Texten ein (Anhang G5), die sich ausführlich mit einer bevorstehenden Demonstration ("*100.000 zum Londoner Friedensmarsch erwartet*"), britischen Schülerprotesten ("*Die Schule ist vorbei als die Jugend ihre radikale Stimme wiederfindet*") sowie Demonstrationen in Kalifornien ("*Protest-'Anarchie' in San Francisco*") beschäftigt.

Der *Statesman* widmet dem Thema nur relativ wenige Zeilen und ein Foto, dass Protestierende in Chicago zeigt (Anhang A3). Der Artikel mit dem Titel „*Auf Kundgebungen und Mahnwachen spricht das Volk*" spricht zwar auch von landesweiten Protesten, nennt hierzu aber keine konkreten Zahlen. Explizit werden lediglich die Zahlen bisheriger Festnahmen genannt (z. B. 65 in Chicago oder 26 in Washington, D.C.). So sollen sich in der Stadt Washington am Vortag etwa 100 Leute außerhalb eines Parks in der Nähe des Weißen Haus versammelt haben. Im Text wird aber auch mehrfach betont, dass es auch zahlreiche Aktionen zur Unterstützung der Truppe gegeben hat. Von internationalen Protestaktionen wie z. B. der in London ist nicht die Rede.

5. Folgen des Krieges

Die politischen, wirtschaftlichen und militärischen Konsequenzen sowie die humanitäre Krise sind bis heute immens.

5.1 Wirtschaftliche Folgen

Der mehr als achtjährige Krieg im Irak kostete schätzungsweise eine Billion US-Dollar und damit deutlich mehr, als das Pentagon zu Kriegsbeginn noch geschätzt hatte (50-60 Milliarden US-Dollar). Erst seit Abzug der US-Truppen durch US-Präsident Obama waren die laufenden Militärausgaben vorübergehend wieder rückgängig. Die andauernde medizinische Betreuung und Nachversorgung der US-Veteranen erhöht jedoch die Kriegskosten weiter.

Laut Einschätzung des Wirtschaftswissenschaftlers Joseph Stieglitz von der Universität Kolumbien könnten die Gesamtkosten für den Krieg sogar 4-6 Billionen Dollar erreichen. Damit würde der Irakkrieg für die USA mehr Kosten als der zweite Weltkrieg verursacht haben, welche inflationsbereinigt auf 3,6 Billionen US-Dollar geschätzt wurden [29].

5.2 Politische Folgen

Seit der US-Besetzung des Iraks im Jahr 2003 haben zahlreiche Kritiker die USA aufgefordert, anzuerkennen, dass die Konflikte im Irak, im Iran und in Israel miteinander zusammenhängen. Die USA jedoch verfolgten eine Politik, welche die regionale Zusammenarbeit zum Aufbau eines sicheren und souveränen Iraks verhindert. Ursprünglich soll es sogar Spekulationen über eine mögliche Spaltung des Staates gegeben haben [30]. Die USA behaupteten, die Gewalt im Land sei auf einen Bürgerkrieg zwischen den drei religiösen Strömungen zurückzuführen und man solle das Land in eine sunnitische, eine schiitische und eine kurdische Region aufteilen. Dies wurde durch die Annahme einer unverbindlichen Resolution im US-Kongress im Oktober 2007 bestätigt.

Die Iraker selbst hingegen argumentieren, dass ein separatistischer Irak den religiösen Krieg verschlimmern würde. Einige Kritiker schlugen vor, dass der Irak ein politisches Protektorat der USA ohne internationale Aufsicht oder regionalem Einfluss werden könnte.

Abbildung wurde aus urheberrechtlichen Gründen entfernt.

Abbildung 2. Geographische Verteilung der verschiedenen Glaubensrichtungen im Irak (Kurden, Sunniten und Schiiten). Copyright: World Security Network

5.3 Militärische Folgen

Die Zahl der durch den Irakkrieg bedingten Toten ist nicht eindeutig zu benennen. In der Regel wird von 100.000 bis 1.000.000 Kriegstoten ausgegangen. Eine umfassende Studie mehrerer Universitäten (University of Washington, Johns Hopkins University, Simon Fraser University und Mustansiriya University) beziffert die Zahl der Todesfälle auf 461.000 [31]. Dabei wurde der Zeitraum vom März 2003 bis zum Juni 2011, und damit bis sechs Monate vor dem Rückzug der USA, betrachtet. Die Studie kommt zu dem Schluss, dass mehr als 60% der Todesfälle direkt auf Gewalt zurückzuführen sind, während der Rest mit dem Zusammenbruch der Infrastruktur und weiteren, indirekten Ursachen zusammenhängt. Hierzu zählen unter anderem der Ausfall von Systemen in den Bereichen Gesundheit, Sanitär, Transport und Kommunikation.

Das US-Militär selbst war ebenfalls stark von den Umständen des achtjährigen Irakkriegs betroffen. Die langen Einsatzzeiten und hohen personellen Verluste führten zu einer enormen physischen und psychischen Belastung der US-Soldaten. Gleichzeitig erreichte die Selbstmordrate den höchsten Wert seit Ende des Vietnamkrieges. Zahlreiche Oberbefehlshaber wie auch Kriegsveteranen haben sich daher energisch gegen die fehlerhafte US-Politik ausgesprochen [32].

6. Fazit

Grundsätzlich gibt es zwar in jeder kriegerischen oder politischen Auseinandersetzung eine Diskrepanz zwischen den offiziellen und den tatsächlichen Gründen. So stehen beim Irakkrieg 2003 die Existenz von Massenvernichtungswaffen im Irak, die Unterstützung des Terrornetzwerks Al-Qaida und die Menschenrechtsverletzungen von Saddam Hussein den geopolitischen und wirtschaftlichen Interessen an einer der weltweit größten Ölvorkommen gegenüber. Beachtlich sind in diesem Fall jedoch die zweifelhaften Beweise der US-Regierung zu den angeblichen Massenvernichtungswaffen. Ähnliches gilt für die vermeintlichen Verbindungen zur Al-Qaida. Ebenfalls bemerkenswert für diesen Krieg sind das effektive Übergehen der Vereinten Nationen sowie das gegenseitige Vertrauen zwischen der US-amerikanischen und britischen Führung.

Nach den anfänglichen „Erfolgen" der Alliierten sind vielleicht nur wenige von einem derart langen Konflikt ausgegangen, zumal die Festnahme von Saddam Husseins bereits im Jahr 2003 erfolgte. Die Zahl der Kriegstoten wird mit 100.000 bis 1.000.000 angegeben. Die humanitäre Krise ist enorm und betrifft sowohl die gewaltsamen Todesfälle wie auch die Opfer durch die Zerstörung grundlegender Versorgungsstrukturen. Mit der Länge des Krieges stiegen auch die Kosten – eine Schätzung ergab sogar höhere Summen als für den zweiten Weltkrieg.

Der hier erfolgte grobe Vergleich zweier ausgewählter Tageszeitungen vom dritten Tag der Angriffe auf den Irak zeigt exemplarisch, wie Form und Inhalt der Texte die Reaktion des Lesers beeinflussen können. Der *Statesman* aus Austin orientiert sich stark an den Motiven der US-Regierung. Der Krieg wird nicht in Frage gestellt, sondern scheint unabdingbar, um die Welt vor dem drohenden Terror zu retten. Die ersten Angriffe und weiteren Aussichten werden stets positiv bewertet.

Die Ehre, das eigene Land zu vertreten, wiegt mehr als persönliche Ängste, vortrefflich veranschaulicht mit dem Sohn des Senators oder den Feuerwehrleuten. Proteste scheinen nur vereinzelt in San Francisco, Washington, D.C. oder Chicago stattzufinden, wo sich die Leute offensichtlich nicht bewusst sind, dass sie damit den Straßenverkehr behindern und vorübergehend festgenommen werden können.

Der *Guardian* befasst sich mit ähnlichen Themen, kommentiert diese jedoch eher unvoreingenommen und sachlich. So finden sich z. B. keine *Vermutungen* über den Schaden am Präsidentenpalast oder *Überzeugungen* zum Ausmaß der Verletzungen Saddam Husseins. Am eindrücklichsten sind die Unterschiede beim Thema Antikriegsbewegung, wo der *Guardian* den Demonstranten praktisch „eine Stimme verleiht" und sogar die Schülerproteste thematisch aufgreift. Dadurch erscheinen die Proteste weniger als Randphänomen denn als Ausdruck eines demokratischen Grundrechts.

Das Thema Irakkrieg ist letztlich auch für aktuelle Auseinandersetzungen von Bedeutung. Inhaltlich betrifft dies vor allem die radikal-islamischen Konflikte in den Krisenregionen der Welt sowie die wiederkehrenden Terroranschläge in westlichen Ländern. Aber auch auf medialer Ebene liefert der Irakkrieg wertvolle Erkenntnisse. Mit der zunehmenden digitalen Erfassung und Verbreitung von Informationen werden auch mediale Verzerrungen viel einfacher. Eine journalistisch ausgewogene Quelle sowie eine differenzierte Betrachtung durch den Leser sind daher wichtiger denn je.

7. Quellen-/ Literaturverzeichnis/ Anhang

7.1 Gedruckte Quellen

[2] Dennis Loo, Peter Phillips, Howard Zinn: Impeach the President: The Case Against Bush and Cheney. Toronto, 2011

[17] Hans Blix: Mission Irak: Wahrheit und Lügen. Droemer, Zürich, 2004

[19] Stefan Aust, Cordt Schnibben: Irak: Geschichte eines modernen Krieges. Spiegel Buchverlag, München, 2003

7.2 Internetquellen

[1] Korrekturbüro Ruhr: Wie schreibe ich die Einleitung einer Facharbeit? Was enthält die Einleitung? www.lektorat-korrektesen.de/facharbeit-einleitung/ [Stand:26.3.2019]

[3] Frankfurter Allgemeine (9.9.2005): Powell: Schandfleck meiner Karriere. www.faz.net/aktuell/politik/europaeische-union/irak-krieg-powell-schandfleck-meiner-karriere-1255325.html [Stand:1.3.2019]

[4] Barbara Starr and Elise Labott (13.1.2005): Official: U.S. calls off search for Iraqi WMDs. www.edition.cnn.com/2005/US/01/12/wmd.search/ [Stand: 2.3.2019]

[5] The New York Times (14.10.2014): Duelfer Report on Chemical Weapons in Iraq. www.nytimes.com/interactive/2014/10/14/world/middleeast/duelfer-report-on-chemical-weapons-in-iraq.html [Stand: 3.3.2019]

[6] R. Jeffrey Smith (6.4.2007): Hussein's Prewar Ties To Al-Qaeda Discounted. www.washingtonpost.com/wp-dyn/content/article/2007/04/05/AR2007040502263.html [Stand: 3.3.2019]

[7] Handelsblatt (8.9.2006): Saddam hatte mit El Kaida nichts zu tun. www.handelsblatt.com/politik/international/us-geheimdienstausschuss-saddam-hatte-mit-el-kaida-nichts-zu-tun/2704024.html?ticket=ST-3029267-BhOVmjdMIBILaSqZijqn-ap2 [Stand: 3.3.2019)

[8] Amnesty International (1.8.2003): Iraq: People come first. web.archive.org/web/20030801072304/web.amnesty.org/pages/irq-index-eng [Stand: 3.3.2019]

[9] Vivic Rai (14.12.2003): FAQ: Saddam Hussein. web.archive.org/web/20040202022042/msnbc.msn.com/id/3294143/ [Stand: 3.3.2019]

[10] Human Rights Watch (Juni 1992): Endless Torment: The 1991 Uprising in Iraq And Its Aftermath. www.hrw.org/reports/1992/Iraq926.htm [Stand: 3.3.2019]

[11] Human Rights Watch (25.1.2003): Iraq: Devastation of Marsh Arabs. www.hrw.org/legacy/press/2003/01/iraq012503.htm [Stand: 3.3.2019]

[12] Refugees International (13.6.2003): Forgotten People: The Marsh-Arabs of Iraq. reliefweb.int/report/iraq/forgotten-people-marsh-arabs-iraq [Stand: 26.3.2019]

[13] Süddeutsche Zeitung (17.5.2010): Bagdads Waffen waren nicht der wichtigste Kriegsgrund. www.sueddeutsche.de/politik/bagdads-waffen-waren-nicht-der-wichtigste-kriegsgrund-1.742865 [Stand:1.3.2019]

[14] Parlamentsdebatten House of Commons (15 January 2003): api.parliament.uk/historic-hansard/commons/2003/jan/15/engagements [Stand: 1.3.2019]

[15] The New York Times (8.11.2002): Auszüge aus der Pressekonferenz: Stellen sie sich 'Hussein mit Atomwaffen vor'. www.nytimes.com/2002/11/08/us/2002-election-excerpts-conference-imagine-hussein-with-nuclear-weapons.html [Stand:1.3.2019]

[16] Katty Kay (29.1.2001): Analysis: Oil and the Bush cabinet. news.bbc.co.uk/2/hi/americas/1138009.stm [Stand: 3.3.2019]

[18] CNN World (18.7.2003): Britain's September 2002 dossier. edition.cnn.com/2003/WORLD/europe/07/16/uk.dossier.sept02/index.html [Stand: 19.3.2019)

[20] CNN (18.3.2003): Here is a transcript of President George W. Bush's Monday night televised address to the nation. edition.cnn.com/2003/WORLD/meast/03/17/sprj.irq.bush.transcript/ [Stand: 19.3.2019)

[21] BBC (20.3.2003): War on Iraq begins. news.bbc.co.uk/2/hi/middle_east/2866109.stm [Stand: 7.3.2019]

[22] BBC (9.4.2003): Baghdad falls to US forces. news.bbc.co.uk/2/hi/middle_east/2933707.stm [Stand: 19.3.2019)

[23] BBC (2.5.2003): Bush declares victory in Iraq. news.bbc.co.uk/2/hi/middle_east/2989459.stm [Stand: 19.3.2019]

[24] Dexter Filkins, Richard A. Oppel Jr. (20.8.2003): After The War: Truck Bombing; Huge Suicide Blast Demolishes U.N. Headquarters In Baghdad; Top Aid Officials Among 17 Dead. www.nytimes.com/2003/08/20/world/after-war-truck-bombing-huge-suicide-blast-demolishes-un-headquarters-baghdad.html [Stand: 19.3.2003]

[25] Andrew Buncombe (15.12.2003): Ladies and gentlemen, we got him. www.independent.co.uk/news/world/americas/ladies-and-gentlemen-we-got-him-82617.html [Stand: 19.3.2003]

[26] Ulrich Ladurner (24.7.2004): Viele Männer mit bösen Absichten.
www.zeit.de/2004/27/Macht_9fbergabe [Stand: 19.3.2019]

[27] Rainer Herrmann (28.6.2004):Der Irak ist wieder souverän.
www.faz.net/aktuell/politik/ausland/vorzeitige-machtuebergabe-der-irak-ist-
wieder-souveraen-1164305.html [Stand:27.3.2019]

[28] Wikipedia (17.3.2019): Austin American-Statesman.
en.wikipedia.org/wiki/Austin_American-Statesman [Stand: 26.3.2019]

[29] Global Policy Forum: Consequences of the War and Occupation of Iraq.
www.globalpolicy.org/humanitarian-issues-in-iraq/consequences-of-the-war-
and-occupation-of-iraq [Stand: 19.3.2019]

[30] Siegfried Buschschlüter (4.8.2006): Bush-Regierung in Erklärungsnot
Scharfe Debatte in den USA über die Lage im Irak.
www.deutschlandradio.de/bush-regierung-in-
erklaerungsnot.331.de.html?dram:article_id=200303 [Stand: 27.3.2019]

[31] PLOS Medicine (15.8.2013): Mortality in Iraq Associated with the 2003–
2011 War and Occupation: Findings from a National Cluster Sample Survey
by the University Collaborative Iraq Mortality Study.
www.ncbi.nlm.nih.gov/pmc/articles/PMC3797136/ [Stand: 19.3.2019]

[32] Global Policy Forum: Consequences for the US Military.
www.globalpolicy.org/humanitarian-issues-in-iraq/consequences-of-the-war-
and-occupation-of-iraq/35724.html [Stand: 19.3.2019]

7.3 Bildquellen

Zerstörung einer Statue Saddam Husseins mithilfe eines US-Panzers.
Copyright: Goran Tomasevic / Reuters
static01.nyt.com/packages/flash/world/20080319_iraqwar_timeline/2008031
9_iraqwarAQWAR_TIMELINE_2003/content/photo/20030409.jpg [Stand:
27.3.2019]

Geographische Verteilung der verschiedenen Glaubensrichtungen im Irak
(Kurden, Sunniten und Schiiten). Copyright: World Security Network
image.xelk.org/root/root/images/19242017_Iraq%20Shia%20Sunni%20map
.png [Stand: 27.3.2019]